Cuentos de hadas clásicos con un giro

Los tres cochinitos

Escrito por Shannon Anderson

Ilustrado por Gal Weizman

Traducción de Pablo de la Vega

Un Libro de la Sirena

SEAHORSE PUBLISHING

Había una vez tres cochinitos que se graduaron de la licenciatura en Negocios y empezaron su primer trabajo.

El primer cerdito, One, abrió un lugar de desayunos llamado Uno.

El segundo cochinito, Two, abrió una tienda de sándwiches y le puso Dos.

Y el tercer cochinito, Three, abrió una pizzería de nombre Tres.

En eso llegó un lobo hambriento llamado Wolf.

—Quiero un poco de tocino —dijo Wolf.

—¡Ni por los pelos de mi barbilla! —dijo One—. ¡No servimos tocino! ¡Qué asco!

UNO'S
BREAKFAST BAR
galletas
menú

— Entonces soplaré y resoplaré —dijo Wolf, molesto— y les diré a todos que tu comida es horrible.

Wolf salió deprisa y escribió en reseña negativa para el periódico.

Wolf estaba muy hambriento y su pausa para el almuerzo estaba por finalizar. Se dirigió la nueva tienda de sándwiches de la ciudad.

Quisiera ordenar una hamburguesa de cerdo —dijo Wolf.

—¡Ni por los pelos de mi barbilla! —dijo Two—. ¿Una hamburguesa de cerdo? ¿Es broma?

—Entonces soplaré y resoplaré —dijo Wolf, enojado— y les diré a todos que tu cocina está sucia.

Wolf se dirigió a la estación de radio y le pidió al locutor que anunciara que la tienda de sándwiches Dos estaba muy sucia.

Wolf se dirigió a la pizzería Tres. Ahora moría de hambre.

—Quiero una pizza de pepperoni.

—¡Ni por los pelos de mi barbilla! —dijo Three—. ¡Eso es asqueroso!

—Entonces soplaré y resoplaré —dijo Wolf, furioso— y les diré a todos que tu pizza tiene moho.

—Pero no tiene moho —respondió Three.

—Entonces les diré que me salió un pelo en una de ellas —dijo Wolf.

—Pero ni siquiera has probado la pizza —dijo Three.

¡Demonios! Les diré que el servicio es lento —dijo Wolf.

—De hecho somos bastante rápidos. Puedo hacerte una deliciosa pizza en alrededor de 10 minutos —dijo Three.

Para entonces, el estómago de Wolf rugía y se le hacía agua la boca.

—¿En verdad? Bueno, supongo que puedo esperar 10 minutos.

—¡En seguida estará lista! —dijo Tres.

Wolf se comió la pizza. Era la pizza con más queso que hubiera comido. Le entregó a Three unos cupones.

—Gracias por la pizza. Te regalo unos cupones que puedes cambiar en mi tienda por dos abrigos gratis.

Cuando terminó, regresó a su trabajo.

En eso llegaron One y Two, molestos por cómo había transcurrido el día. No tuvieron clientes por las quejas de Wolf acerca de sus restaurantes.

Three les regaló los cupones para animarlos.

—¡Vayan por sus nuevos abrigos!

One y Two fueron a la tienda de abrigos. No se dieron cuenta de que Wolf era el dueño.

—¡Queremos dos esponjosos abrigos de piel de lobo, por favor!

—¡Eso es horrendo! ¡Es la cosa más aterradora que haya escuchado! Creo... que... ¡me va a dar algo!

Desde ese día, Wolf se hizo vegetariano y sólo hizo reseñas positivas en el periódico y la radio.

Los tres cochinitos compraron abrigos de mezclilla iguales en el Palacio del Abrigo de Wolf y vivieron felices para siempre.

SYRUP

Escrito por Shannon Anderson
Traducción de Pablo de la Vega
Ilustrado por Gal Weizman
Diseño de Under the Oaks Media
Desarrollo de la serie de James Earley
Editora Erica Ellis

Library of Congress PCN Data
Los tres cochinitos / Shannon Anderson
Cuentos de hadas clásicos con un giro
ISBN 979-8-8904-2578-2 (hard cover)
ISBN 979-8-8904-2852-3 (paperback)
ISBN 979-8-8904-2876-9 (EPUB)
ISBN 979-8-8904-2864-6 (eBook)
Library of Congress Control Number: 2024933143

Printed in Canada/012025/CP20250101

Seahorse Publishing Company
www.seahorsepub.com

Published in the United States
Seahorse Publishing
PO Box 771325
Coral Springs, FL 33077

SEAHORSE
PUBLISHING